MONOGRAPHIE
DE
MONTCORNET
(Aisne)

PAR

Louis LEPINOIS O. A.

MAIRE DE MONTCORNET

Délégué cantonal

(Extrait du Bulletin trimestriel de la Société géographique de l'Aisne, n° 17)

*Ad veneratam majorum infelicium
nostrorum memoriam. P. L. C.*

LAON
Imprimerie du *Journal de l'Aisne*, rue Sérurier, 22.
1894.

MONOGRAPHIES

DU

DÉPARTEMENT DE L'AISNE

COMMUNE

DE

MONTCORNET.

GÉOGRAPHIE PHYSIQUE.

Situation, aspect. — Montcornet, petite ville de l'ancienne Thiérache, se trouve à l'ouest des Ardennes, à 173 kilomètres 615 de Paris, à 34 kilomètres nord-est de Laon, à 20 kilomètres de Vervins et à 60 de Reims. Astronomiquement, elle est située entre 1° 40' 30", et 1° 41' 50" de longitude orientale, et en latitude elle s'étend de 49° 41' 45" à 49° 42' 20".

Montcornet est bâti presque en amphithéâtre, non loin du confluent de la Serre et du Hurtaut.

L'aspect gai et riant de ces deux rivières sinueuses, bordées de hauts peupliers et de saules toujours verts, fait de Montcornet une résidence très agréable.

Cette importante commune, autrefois chef-lieu de canton, est formée d'une agglomération compacte de maisons, sans écarts, ni dépendances, à moins que l'on ne considère comme telle l'ancienne filature.

Ses rues sont larges et bien alignées; l'air y circule abondamment; sa vaste place est l'une des plus température moyenne est d'environ 10 degrés centigrades, c'est à peu près celle du bassin de la Seine (climat séquanien). Cependant les vents du nord-est, quand ils sont persistants, ou ceux du nord, quand ils succèdent immédiatement à des pluies, nous apportent, à cause du voisinage du bassin de la Meuse, les rigueurs du climat vosgien. Mais la proximité de la forêt du Val-Saint-Pierre et nos cours d'eau font que la température varie peu.

Les vents océaniques, ainsi que ceux du midi, sont les plus fréquents ; ils nous apportent les pluies, la chaleur et les orages. Le vent sain de l'est, dit continental, par sa continuité, nous amène quelquefois, mais bien rarement, la sécheresse.

On compte par an une moyenne de cent jours de pluie évaluée à 0,80 cent. environ, de quinze jours de neige, de huit jours de gelée et de trente jours de brouillards et d'orages.

Le baromètre marque ordinairement 745 à 750 millimètres.

Le vendredi 16 septembre 1864, le dimanche 12 mars 1876 et le samedi 30 juillet 1887, des ouragans firent à Montcornet d'importants dégâts. La grêle y cause bien rarement ses dommages ; pourtant en 1854 et en 1851, on y vit tomber des grêlons d'une grosseur presque phénoménale. Les gelées sont parfois intenses. Dans la nuit du 20 au 21 janvier 1880, le thermomètre descendit jusqu'à 31° au-dessous de zéro. Aussi dans les vallées de Montcornet et des environs, les arbres fruitiers et les arbustes furent-ils presque tous détruits ; ce fut une perte considérable. Pareil fait s'était produit déjà en 1709, mais d'une manière plus générale encore.

Géologie. — Au point de vue de la constitution géologique, le sol de Montcornet, disposé en pente douce, est de moyenne perméabilité. Il est couvert d'un dépôt assez abondant de limon jaune et de diluvium dont l'épaisseur, variant de 0,25 à 1 m. 50 et plus, forme une terre arable ou humus de bonne qualité très propre à la grande culture et au jardinage.

Cet humus recouvre des marnes sableuses grises ou jaunes à l'état friable, ou bien des argiles jaunes ou rouges servant à la fabrication des briques. En certains endroits sont des argiles vertes ou bleues appelées vulgairement terre glaise. Ces dites argiles et marnes affleurent parfois.

Le tout repose sur un lit de calcaire, craie grise ou blanche, de 4 à 10 mètres d'épaisseur, mêlée de silex pyromaque (pierre à fusil) et de nodules de sulfure de fer ou marcassite. Dans ce calcaire on trouve comme animaux fossiles des oursins ayant l'aspect d'un caillou arrondi en forme de cœur et marqué d'une sorte d'étoile.

La craie, utilisée jadis comme pierre à bâtir, est exploitée comme marne et surtout comme pierre à chaux.

Plus profondément, on rencontre une couche de sable vert de plus de 20 mètres de puissance.

Hydrographie. — Dans leur parcours à travers le territoire de Montcornet, la Serre et son affluent le Hurtaut ont une largeur moyenne de 5 à 8 mètres, avec une profondeur variant de 1 à 5 mètres et plus ; ils coulent tous deux de l'est à l'ouest.

Ces deux rivières drainent leurs eaux assez lentement et produisent rarement des inondations ; elles n'envahissent les prairies qu'à la suite de brusques dégels et sans jamais avoir causé de dégâts.

La Serre, dont la source est à La Férée, à 250 mètres au-dessus du niveau de la mer, arrose Rozoy, Magny, Reuil, Vincy, Montcornet, Chaourse, Marle, Crécy ; puis ses eaux viennent se confondre, à 52 mètres d'altitude, avec celles de l'Oise à Danizy, près La Fère, après un parcours sinueux de plus de 104 kilomètres. Elle fait mouvoir une vingtaine de moulins et plusieurs filatures.

Au VIe siècle, la Serre s'appelait Sara, en 867 Sera, et au XIVe siècle Sere et Cère (A. Matton).

Le Hurtaut, appelé aussi la Malaquise dans les Ardennes, se nommait au XVIIe siècle la Manse, en 1731 la Marance et au commencement de notre siècle le Hurtaut. Il vient de Maranwez à 240 mètres d'altitude, traverse Noircourt, Montloué, Lislet et se jette dans la Serre un peu au-dessous de Montcornet, à 112 mètres d'altitude, après un cours également sinueux de près de 12 kilomètres.

Montcornet est donc très abondamment alimenté d'eau potable, mais celle-ci est un peu trop chargée de carbonate de chaux et de matières organiques.

Bois et arbres. — Le terroir de Montcornet possède très peu de bois, à peine quelques garennes dont le bouleau, le tremble, l'orme, le charme, le merisier, l'aulne et le chêne sont les principales essences. On y trouve aussi comme arbrisseaux : le sureau, les épines blanche et noire, le noisetier, le chèvrefeuille, le genêt, etc.

Flore et faune. — La flore et la faune locales, comme celles des environs, n'offrent rien de bien curieux ; elles sont presque les mêmes que la flore et la faune vervinoises.

Population. — Un document sur parchemin de la fin du XIIIe siècle dit que : Montcornet avait 1000 feux (Montcornet. Dominus Johanus de Louvanio. Foci mille) (Archives de l'État).

Au XVe siècle, il compte 600 feux.
Aux XVIe et XVIIe — 300 —
Au XVIIIe — 266 —
En 1760 — 360 —

En 1800 sa population est de 1250 âmes.

1818	de 1364	En 1856	de 1697
1826	de 1443	1861	de 1742
1831	de 1535	1866	de 1773
1836	de 1583	1872	de 1552
1841	de 1743	1876	de 1655
1846	de 1763	1881	de 1515
1851	de 1728	1886	de 1423

et enfin en 1891 de 1490. (1)

Depuis 1866, on constate dans le chiffre de la population une décroissance de plus de 200 âmes. On peut imputer cette fâcheuse diminution à la cessation du travail dans les filatures de Montcornet et Lislet et surtout à la funeste guerre de 1870 qui a privé Montcornet de 36 jeunes gens appelés à s'établir dans le pays même. Néanmoins, depuis la création du chemin de fer (1888), il y a une tendance à l'augmentation.

La population de Montcornet est robuste et bien constituée. La nourriture, même chez l'ouvrier, est choisie ; aussi remarque-t-on de nombreux cas de longévité. Au dernier recensement (1891), on comptait 245 personnes au-dessus de 60 ans dont 57 au-dessus de 75 ans. La moyenne de la vie est relativement élevée (39 ans), malgré quelques petites épidémies enfantines heureusement assez rares (dyssenterie 1859, diphtérie 1891-92).

Mœurs et caractère. — Les Montcornésiens ont conservé de leurs ancêtres les Gaulois, le facile enthousiasme, la critique légèrement moqueuse et un peu de vantardise qui leur avait valu jadis, de la part de leurs voisins, le surnom de *Hableux*. Ils sont généralement animés de l'esprit de corps, ce qui explique le

(1) Population municipale

succès des nombreuses associations qu'ils ont créées depuis quelques années.

Leur patriotisme, sans être aussi ardent qu'à la frontière, est toujours vivace. Aussi ils aiment le soldat et le fêtent quand il y a passage de troupes.

Ils ne sont pas ennemis des divertissements ni des réjouissances, mais ils n'en abusent jamais. En politique comme en religion, ils sont sincères, modérés et tolérants. Les étrangers sont toujours cordialement accueillis par eux.

Jeux, coutumes, etc. — Pendant la belle saison, le dimanche, des concerts donnés par la fanfare, des manœuvres de pompes ou bien des exercices de gymnastique exécutés sur la place de l'Hôtel-de-Ville charment les oreilles ou les yeux des habitants. Des banquets et des bals réunissent en fin d'année, les diverses sociétés.

Le jeu de paume et celui de l'arc, qui avaient passionné nos pères, sont complètement délaissés depuis une trentaine d'années; ils sont remplacés par des exercices de tir et de gymnastique.

Les autres divertissements sont les cartes et le billard. En plein air, les parties de boules sont de plus en plus en faveur. La pêche et la chasse ont aussi leurs adeptes.

Les vieilles coutumes, telles que les mascarades et les travestissements du carnaval, ne sont guère en honneur. Cependant cette année il y a eu une brillante cavalcade allégorique.

Les feux de joie du premier dimanche de carême, dits feux des Buires (Bihourdis), allumés sur les hauteurs par les enfants qui organisent des rondes autour du brasier, n'ont pas été encore abandonnés.

Les fêtes patronales sont beaucoup moins fréquentées. On ne voit plus le 1er mai d'arbustes fleuris déposés à la porte des habitations des jeunes filles ; mais les largesses des parrains et marraines, le poisson d'avril, les œufs rouges, ainsi que les visites de bonne année et les étrennes subsistent toujours.

Langage. — Le langage n'offre point d'accent local ; il s'épure de plus en plus et les expressions sont généralement choisies. Le patois a presque complètement disparu ; toutefois quelques locutions picardes sont encore en usage. L'instruction est en progrès sensible.

GÉOGRAPHIE HISTORIQUE.

Les anciennes chroniques désignent Montcornet sous les noms de :

Monscornutus, Mons cornutus, XIIe et XIIIe siècles (Archives de l'Etat), Montcornet, 1267 (Archives du département), Montcornet en Thiéreche, 1360 (Trésor des chartes), Moncornetz, 1586 (Etat-civil), Moncorné, 1591 (Corresp. du roi Henri IV), Montcornet-sur-Serre, 1709 (Etat-civil) (A. Matton).

Jusqu'au moment où l'invasion romaine fait entrer la Thiérache dans le domaine de l'histoire, une forêt d'arbres gigantesques et de broussailles, entrecoupée çà et là de vallées fluviales, de clairières incultes et de plaines fangeuses noyées par des débordements fréquents, couvrait notre sol. Cette forêt de Thiérache était reliée à l'est à l'immense et fameuse forêt des Ardennes.

Cette partie de la France fut peuplée primitivement d'obscures tribus dont le nom a péri dans l'éternel inconnu.

La culture a mis souvent à découvert des traces préhistoriques, gallo-romaines et autres, dans les environs de Montcornet. Ce qui prouve que notre pays a été habité dès la plus haute antiquité.

Les premiers habitants ne pouvaient vivre presque exclusivement que de chasse et de pêche. Aussi, les dures nécessités de cette existence chétive et précaire devaient rendre cette population clairsemée, guerrière, rude et grossière. Plus tard, devenus pasteurs par l'expérience lentement acquise, ayant quelques maigres troupeaux dont les glands et les faînes étaient la nourriture principale, pourvus d'armes et d'instruments de cuivre, de bronze ou de fer, ils apprirent à cultiver et à défricher le sol.

Vers 1500 avant notre ère les Gaëls ou Celtes, venus des steppes de la haute Asie, refoulèrent vers les Pyrénées et les Alpes, les Ibères et les Ligures en formant dans le midi les Celtibères.

Plus tard, environ 600 avant Jésus-Christ, les Kymris venus aussi de l'orient, puis vers 150 avant Jésus-Christ les Bolgs, Belges, Kymris-Belges de race germaine, passèrent la rive droite du Rhin et firent donner à notre pays le nom de Gaule-Belgique.

A l'époque de la conquête de la Gaule (50 à 51 avant Jésus-Christ), les Rèmes, Remi (Remois), tribus gauloises formées par les migrations précédentes, peuplaient notre pays qui faisait alors partie de la Gaule chevelue (Gallia Comata), ayant pour capitale Duro-Cortore, Duro-cortum Remorum (Reims).

Si les Romains ne fondèrent pas de ville importante dans ce pays de Thiérache (pagus Theoracencis), ils y tracèrent de nouvelles voies sur les hauteurs, en améliorant les chaussées gauloises existantes. Ils établirent des camps, des colonies, des castrums, des villas et des bourgs. Ils assainirent le sol en le défrichant, et ils transformèrent les Gaulois en Gallo-Romains, en leur donnant une civilisation plus avancée.

Les Barbares, plusieurs fois repoussés par les Gallo-Romains pendant les IIe et IIIe siècles, s'établirent au siècle suivant dans le nord de la Gaule, sous la conduite des Franks venus également de l'autre côté du Rhin.

La célèbre victoire de Soissons (486) fonda définitivement la domination de la race franque.

Pendant plus de 200 ans, nous faisons partie tour à tour du royaume de Neustrie ou de celui d'Austrasie. Les luttes continuelles de ces deux pays se terminent en 718 par la reconstitution du royaume des Francs.

Pendant les incursions des Normands (882) et pendant les siècles qui suivent, l'histoire de la Thiérache devient obscure.

Liste des seigneurs de Montcornet.

Avant la maison de Louvain, Melleville dit dans son savant ouvrage (le Dictionnaire historique de l'Aisne) avec quelques réserves dans une liste erronée des seigneurs de Montcornet, qu'en 1058 Bauchard était seigneur de Montcornet.

1080, Hugues de Montcornet, ayant pour femme Ementrade de Roucy.

11.., Hugues II de Montcornet, ayant pour femme Béatrix de Risnel, dont un des enfants, Barthélemy, fut évêque de Beauvais.

1162, Guy de Montcornet, dont la sœur Élisabeth épouse Gossuin, châtelain de Pierrepont.

11.., Pierre de Montcornet.

1207-1222, son fils Hugues III.

1227, Gilles, son fils aîné, est seigneur du dit et de la Ferté.

12.., Henri de Louvain. — 1240, Jean, probablement les arrière-petits-fils de Godefroy de Louvain.

Seigneurs d'origine flamande.

1174, Henry Ier de Louvain, fils de Godefroy III dit le Courageux, et de Marguerite de Limbourg, duc de Lothier, comte de Brabant et de Louvain, marquis d'Anvers, fut le premier duc de Brabant, marquis du Saint-Empire et aussi seigneur de Montcornet, épousa en 1179 Mahaud de Flandre.

Son fils, Henry II de Louvain, duc de Brabant et de Lothier, dit le Magnanime, lui succède à sa mort en 1235 ; il meurt lui-même en 1247 ne laissant que deux filles.

Son frère Godefroy, sire de Louvain et de Montcornet, de Lewe, de Gaœsbeck, meurt le 21 janvier 1253.

1253, Jehan.

12.., Henri III, leur petit-fils, meurt aussi sans enfants en 1324.

Puis Béatrix, leur sœur, fille de Félicité de Luxembourg, sœur de l'empereur Henri VII, leur succède et décède sans alliance.

1339, Jeanne de Louvain, tante et veuve de Gérard de Horn et d'Altena grand veneur héréditaire de l'empire, hérite de Montcornet, etc., etc.

13.., Othon de Horn, leur fils.

13.., Guillaume, son frère, qui épouse en secondes noces Élisabeth de Habsbourg, sœur de l'empereur Rodolphe Ier ; il meurt en 1343.

Son fils, Arnould, prince-évêque de Liège et cardinal qui décède en 1380, possède par indivis Montcornet avec son frère Thierry, dit Loëf, seigneur de Montcornet, Bancignies, etc., etc., sénéchal de Brabant. Thierry-Loëf qui fut du château de Montcornet enlevé en Lorraine en 1387 avec le jeune Arnould, son fils.

13.., Arnould, sire de Bancignies, Montcornet, Herstal, etc., etc, sénéchal de Brabant.

14.., Jean de Horn, alors amiral, qui fut massacré près d'Ostende par les Flamands, sous prétexte de trahison en 1428.

Au XVIe siècle, un Thierry de Horn était encore seigneur de Montcornet quand on revêtit ce pays de murs et de fossés.

Seigneurs français

En même temps, vers 1166 à 1303 les Roger, seigneurs de Rozoy, possédaient soit quelques biens, soit une partie de Montcornet.

En 1247, Henri II de Louvain, duc de Brabant, meurt ne laissant que deux filles dont l'aînée, Mahaud de Brabant, veuve de Robert de France, premier du nom, épouse Guy de Chatillon, comte de Blois et de Saint-Pol.

Après eux, vient leur fils Hugues de Chatillon, puis Guy de Chatillon son fils, enfin Louis, premier du nom, qui devient comte de Soissons par son mariage avec Jeanne de Hainaut, comtesse de Soissons.

Leur fils Louis II leur succède. Guy II son frère, comte de Soissons, de Blois, de Dunois, etc., etc., est donné par Louis II en ôtage au roi d'Angleterre pour la délivrance du roi Jean, dit le Bon.

Guy II de Chatillon pour se racheter céda, le 15 juillet 1367, à Enguerrand VII, sire de Coucy, seigneur de Marle, de La Fère, de Ham, etc., etc., gouverneur de Picardie, en faveur de sa femme, Isabelle, fille du roi Edouard III, roi d'Angleterre, son comté de Soissons.

En 1397 ses domaines restent indivis entre sa fille, Marie de Coucy, comtesse de Soissons, dame de Coucy, pour la moitié des seigneuries de Marle, Coucy, La Fère, etc., et les trois quarts de celle de Montcornet et sa sœur Isabelle ou Isabeau, pour l'autre moitié et le dernier quart de Montcornet.

Isabelle épousa, en 1409, Philippe de Bourgogne, comte de Nevers, qui meurt sans laisser d'enfant.

L'aînée, Marie de Coucy, veuve de Henri V de Bar qui fut tué à Nicopolis en 1396 vend, le 15 novembre 1400, à Louis I**er**, duc d'Orléans, comte de Valois, deuxième fils de Charles V, le comté de Soissons et les trois quarts de Montcornet.

Le 22 mai 1404, le frère de Louis d'Orléans, le roi Charles VI, érigea en pairie perpétuelle et en sa faveur le comté de Soissons avec les châtellenies de Ham, de Pinon, Montcornet, etc. Il fut assassiné le 23 novembre 1407.

1406-1407. — Réunion à la couronne.

A l'instigation du duc de Bourgogne, Jean sans Terre, le roi Charles VI retranche par lettres-patentes une partie des domaines du duc d'Orléans savoir : Montcornet en Thiérache, le vinage de Laon, le comté de Soissons, etc., tenus par lui en apanage.

Le 22 août 1412, annulation de ces lettres-patentes et restitution de ces domaines au fils de Louis I**er**, Charles, duc d'Orléans.

1465. — Son fils, Louis II, lui succède et, en 1498, à la mort du roi Charles VIII, devient roi de France sous le nom de Louis XII.

En 1505, le roi donne à sa fille, Claude de France, âgée de six ans, le comté de Soissons, les châtellenies de Ham, Pinon et Montcornet, etc. Elle épouse, le 18 mai 1514, François d'Angoulême, duc de Valois, depuis roi premier du nom, et elle meurt à Blois le 20 juillet 1524.

Henri II, fils de Claude de France et de François I**er**, hérite de leurs biens en 1547.

François II, en 1559, fils aîné de Henri II, lui succède.

Charles IX, en 1560, hérite de son frère, puis en 1574, Henri III, troisième fils de Henri II, succède à son frère Charles IX. En lui s'éteint la famille des Valois.

1589. — Henri IV, son cousin et seul héritier direct de la couronne de France, recueille de lui les biens des ducs d'Orléans dans les trois quarts de la seigneurie de Montcornet.

———

En 1412, Isabelle de Coucy, sœur puinée de Marie de Coucy, qui possédait un quart de la châtellenie de Montcornet, laisse à sa mort ses biens à son neveu, Robert de Bar, fils unique de Marie de Coucy et de Henry de Bar.

Le roi Charles VI érigea en sa faveur les châtellenies de Marle, de la Fère et de Montcornet en comté de Marle, en 1413.

Robert de Bar est tué à Azincourt le 25 décembre 1415 ; sa fille unique, Jeanne de Bar, les porta en 1435, par son mariage, au fameux connétable Louis de Luxembourg, comte de Saint-Pol, qui eut la tête tranchée en place de Grève, le 19 décembre 1475, à l'âge de 75 ans.

Jeanne de Bar, sa femme, était morte en 1462 et Jean II de Luxembourg avait recueilli de la succession de sa mère le comté de Marle, etc , etc. Mais le roi Louis XI feignit de considérer le connétable comme le véritable titulaire du comté de Marle qu'il confisqua avec les autres biens en 1475.

Par une trève de neuf années conclue à Vervins, la même année, le duc de Bourgogne, Charles-le-Téméraire conservait la souveraineté de Marle, Montcornet, Gercy et Assis, mais seulement pour y prendre taille (impôts), tandis que les revenus et la propriété étaient attribués à Pierre de Rohan, dit de Gie, maréchal de France. Cette confiscation demeura sans effet car, Jean II de Luxembourg, lorsqu'il fut tué à la bataille de Morat, en 1476, était possesseur du comté de Marle, etc., etc.

Pierre II de Luxembourg, frère de Jean II, succède à ce dernier et laisse les dits comtés à sa fille Marie de Luxembourg, qui épousa d'abord son oncle, Jacques de Savoie, puis en 1487, François de Bourbon, comte de Vendôme, lequel meurt en 1495 lui laissant six enfants.

Veuve pendant 50 ans, elle mérite le surnom de mère des pauvres et meurt le 6 août 1546.

L'aîné de ses enfants, Charles de Bourbon, né à La Fère, devient alors comte de Marle, et seigneur de Montcornet et autres lieux.

Son fils, Antoine de Bourbon, né aussi au château de La Fère en 1518, à la mort de son père arrivée en 1557, hérite du comté et des seigneuries. Il devient roi de Navarre par suite de son mariage avec la fille d'Henri d'Albret et meurt en 1562. Sa veuve, Jeanne d'Albret, meurt le 10 juin 1572.

En 1562, Henri de Navarre, né en 1553, à Pau, était devenu seigneur de Montcornet et comte de Marle.

En 1589, il réunit le quart de la châtellenie qu'il avait hérité de son père et les trois quarts lui provenant de la succussion de son cousin le roi de France Henri III.

Par ce fait, il devient seul seigneur de Montcornet.

Le 6 février 1601, Henri IV, roi de France et de Navarre, engagea sa terre et châtellenie de Montcornet à Catherine de Lorraine, dame de Vaudemant, duchesse de Mercœur, pour 65,836 livres y compris le sol pour livre.

En 1625, Henri de Lorraine est marquis de Moy, de Chaligny et châtelain de Montcornet.

Par acte de donation, Montcornet passe en 1670 à Procope-Hyacinthe de Ligne, prince du Saint-Empire, petit-neveu de Henri de Lorraine. Ce prince fut trouvé mort dans son lit le 31 décembre 1722. Ayant dissipé tous ses biens, il avait vendu sa châtellenie de Montcornet en 1707, à Antoine Crozat, marquis du Chastel, seigneur de Mouy (Moy), etc., receveur général du clergé, grand trésorier des ordres du roi.

Louis Crozat, son fils, lui succède, puis son frère Louis-Antoine Crozat, baron de Thiers, qui vend, par suite d'un arrêté royal des 31 décembre 1766 et 11 mai 1770, la châtellenie de Montcornet et dépendances, à dame Judith-Henriette de Guiche, veuve de Louis Arthaud, marquis de Sainte-Colomb, qui, faute de payement, d'arrérages abandonne en 1782, le domaine et châtellenie de Montcornet au duc d'Orléans.

Ce prince conserva cet apanage jusqu'à la Révolution de 1789.

Administration ancienne.

Avant 1790, la châtellenie de Montcornet en Thiérache (province de Picardie), faisait partie de l'élection de Laon, généralité de Soissons ; elle relevait du bailliage de Vermandois, dont le siège présidial était Laon, et dépendait du doyen rural du détroit de Marle, diocèse de Laon.

La loi du 24 mars 1790, qui organisa administrativement la France en départements, forma le canton et la justice de paix de Montcornet de douze communes : Montcornet, Agnicourt-et-Séchelles, Chaourse, Clermont-les-Fermes, Dizy-le-Gros, La Ville-aux-Bois-les-Dizy, Lislet, Montigny-le-Franc, Renneval,

Tavaux-Pontséricourt, Vigneux et Vincy-Reuil-et-Magny.

Les communes du canton de Rozoy furent annexées à celui de Montcornet et les communes d'Agnicourt, Montigny et Tavaux furent réunies au canton de Marle, par la loi du 8 pluviose, au IX, qui réduisit de 63 à 37 le nombre des cantons du département de l'Aisne.

Mais en l'an XII, le 17 prairial, le chef-lieu du canton fut transféré à Rozoy-sur-Serre.

Armoiries. — Montcornet en Thiérache portait héraldiquement en 1657, de gueules à trois pals d'hermine (Voir le Mercure armorial, trésor héraldique de Me Ch. Segoing, page 75).

ÉVÉNEMENTS HISTORIQUES.

En 1174, Henri Ier de Louvain, duc de Brabant, etc. est le premier seigneur authentiquement connu de Montcornet (A. Degand).

Vers 1248, Montcornet a dû obtenir des franchises communales (Cartulaire de Signy).

12.., Montcornet prit un tel accroissement qu'on y compta jusqu'à mille feux, soit 4 à 5,000 habitants. On y voyait, probablement vers ce temps, deux églises (Notre-Dame et Saint-Martin), une léproserie ou maladrerie, un béguinage, un Hôtel-Dieu et une synagogue pour les nombreux juifs qui habitaient alors le pays (Archives nationales).

Le 22 juin 1383, dénombrement de la seigneurie et du château de Montcornet, par Arnould de Horn, prince-évêque de Liège et Thierry, son frère, sénéchal de Brabant (Archives de l'Etat).

En 1387, Gérard d'Haraucourt enlève Thierry de

Horn avec son fils Arnould, seigneur du lieu et saccage le pays (Dom Lelong).

Le 26 mars 1526, renouvellement des franchises communales (Pêcheur).

En 1543, l'amiral François d'Annebaut réunit a Montcornet toutes ses forces pour faire le siège d'Avesnes (Pêcheur).

En 1546, le roi François Ier passe à Montcornet, en revenant de visiter Villefranche, près Stenay, et autres places fortifiées (de Lepron).

En 1556, des détachements d'Espagnols, échappés des Pays-Bas, y font des dégâts (Mézerai).

En novembre 1570, Charles IX, roi de France, a dû traverser Montcornet, soit en allant à Mézières, célébrer son mariage avec Isabelle d'Autriche, fille de l'empereur Maximilien, soit au retour de cette cérémonie (C. Leleu).

Le 22 avril 1574, la presque totalité de cette ville est réduite en cendres. Bodin, publiciste et procureur du roi à Laon, vint en personne constater les pertes. Plus de 1,800 combles et l'église furent brûlés (Dom Bugniâtre et Baget-Lecointe).

En 1578, don Juan d'Autriche s'empara du fort et pilla le pays (Bailleul).

En 1579, la peste y fit de grands ravages (Mien).

En 1580, un vol considérable fut commis la nuit dans l'église (Manusc. Carton).

En 1593, de Mansfeld, l'un des chefs de la Ligue, y reçut des secours du pape (C. Leleu).

Les tristes guerres de la Ligue réduisirent de 600 à 300 le nombre de feux dont se composait Montcornet dit une déposition des notables faite le 29 juin 1598 (Bulletin académique de Laon).

Le 6 février 1601, le roi Henri IV vendit sa terre et châtellenie de Montcornet en Thirasse à dame de Vaudemont (Archives de l'Etat).

Le 30 août 1615, les princes de Condé et de Bouillon, leurs troupes avec des canons, vinrent de Sedan à Montcornet, puis le régiment de Rambures, y loger pendant neuf jours (Mien).

Le 28 mai 1635, un très violent incendie n'épargna que sept maisons (Gazette de France).

En juillet 1646, des troupes du maréchal de France, La Ferté-Senneterre, séjournent à Montcornet et aux environs (N. Lehault).

Le 9 septembre 1650, Montcornet est occupé par 6000 Espagnols jusqu'à la fin du mois (Bailleux).

Pendant les misères de la Fronde, Montcornet est encore ruiné ; il meurt plus de 700 personnes en six mois (Enquête du 7 mars 1651 faite par Louis de Hérissart, conseiller du roi) (E. Fleury).

Le 23 décembre 1653, le régiment de Turenne y tient garnison (Mien).

Le 13 mars 1729, décès à Montcornet, de Anne Bernard, âgée de 99 ans et 3 mois (Etat-civil).

Le 28 août 1789, passage de grains se dirigeant vers la frontière. Les habitants s'en emparent, en les payant cependant (E. Fleury).

Du 26 mars 1790 au 17 prairial an XII, Montcornet est chef-lieu de canton.

Le 14 juillet 1790, les citoyens capitaines Hotte et Lacaille sont délégués de la garde nationale de Montcornet à la fête de la Fédération à Paris (Archives cantonales).

Le 12 février 1802, 247 bâtiments furent brûlés à Montcornet ainsi que des archives et les derniers vestiges de la synagogue (Manusc. sur Montcornet).

Le 5 mars 1814, cent voitures de blessés de l'armée russe traversent Montcornet (Th. Callay).

Le 21 décembre 1815, occupation de Montcornet pendant quarante jours par un corps de landwehr prussienne (Th. Callay).

Le samedi soir 3 septembre 1870, le général Vinoy, suivi de 25,000 hommes arrachés au désastre de Sedan, venait camper à Montcornet On lui fournit des vivres avec un louable empressement (Guyenne).

Les 7, 9, et les jours suivants, l'armée allemande accable la population de sa présence et de ses réquisitions. Elle installe une ambulance au collège (Guyenne).

Le mardi 1er novembre 1870, enlèvement de l'ambulance allemande par les francs-tireurs.

Les 22 et 23 décembre 1870, concentration à Montcornet de 6,000 hommes de troupes allemandes de toutes armes.

Le 1er avril 1872, inauguration à Montcornet d'une colonne funéraire en bronze, élevée à la mémoire de trente-deux victimes de la terrible catastrophe de Laon (9 septembre 1870).

Le 4 septembre 1872, création du bureau télégraphique de Montcornet.

Le Dimanche 27 juillet 1879, grand concours de pompes à incendie et festival de musique.

Le samedi 3 novembre 1888, ouverture de la première section de la ligne de chemin de fer du nord, de Laon à Mézières ; le dimanche 4, inauguration de la dite ligne.

Le dimanche soir, 26 janvier 1890, à cinq heures, inauguration à Montcornet de l'éclairage par le gaz.

Le lundi 10 juillet 1893, ouverture de la deuxième section du chemin de fer de Laon à Mézières.

Trouvailles antiques.

Bien que dans les environs de Montcornet on ne rencontre jamais de silex brut à la surface du sol, on trouve assez souvent dans cette partie de la Thiérache.

des vestiges de l'âge de pierre en silex ou en quartz, soit taillés, soit polis, tels que haches, pointes de lances, de javelots et de flèches, couteaux, grattoirs, nucleus, morceau de pierre sur lequel on a détaché des éclats pour en faire des têtes de flèches.

On a trouvé aussi de très rares spécimens de médailles gauloises, quelques médailles romaines, divers fragments de meules à bras en quartz, dites meules romaines. (Ces sortes de pierres dures sont tout à fait étrangères aux carrières du pays); de nombreuses pièces de bronze, d'argent et d'or, monnaies seigneuriales et étrangères de différentes époques On a trouvé également des écus faux de six livres datant des règnes de Louis XV et Louis XVI.

Au lieudit la Verte-Vallée, au-dessous du cimetière actuel, en construisant la route de Lislet, il y a 75 ans environ, on mit à jour plusieurs tombes en pierre tendre, dite de Colligis, taillées en auge et orientées vers le levant. La largeur de ces tombes allait en diminuant de la tête au pied ; le couvercle était aussi d'un seul morceau. En contrebas de cette route, dans les jardins voisins, il y avait également des tombes en pierre. Ces sépultures étaient toutes vides.

A la fin de novembre 1883, une trouvaille galloromaine de la plus haute importance, a été faite en labourant un champ, à 15 ou 1600 mètres de Montcornet, sur le terroir de la Basse-Chaourse (Catusiacum), contre le chemin d'Agnicourt, non loin de l'ancienne voie romaine de Reims à Bavay. Cette trouvaille porte le nom de *Trésor de Montcornet*. Elle consistait en plusieurs pièces d'argenterie portant encore l'empreinte d'un tissu de toile dont elles avaient été enveloppées et se trouvaient enfermées dans un caveau. Elle comprenait : quatre plateaux, huit tasses, cinq soucoupes, un œnochœ (carafe à anse), un entonnoir muni d'une passoire, cinq coupes, sept vases ou bols, deux seaux et deux petites statuettes dorées en partie, et représentant : l'une un Ethiopien trapu et accroupi, l'autre une Fortune debout et drapée, privée du bras droit, le tout en argent finement ciselé et artistement travaillé. Ces objets précieux remontent au IIe siècle après Jésus-Christ. Ils devaient faire partie du mobilier d'un temple ou plutôt d'une villa somptueuse, résidence d'un proconsul. (Suivant l'étude scientifique de MM. de Villefosse et Thédenet). (Voir la Gazette archéol. 1884-85.)

Récemment, en 1891, dans la rue de la Filature, en creusant une fosse dans un jardin, on a découvert un four à potier encore rempli de vases en terre cuite fort bien travaillés.

D'ailleurs on ne peut creuser le sol dans certaines parties de la ville sans trouver des caves plus ou moins remplies d'immondices brûlées et des restes d'anciennes constructions.

Jamais aucune fouille sérieuse n'a été entreprise dans la localité ni sur les terroirs circonvoisins.

Voies anciennes. — Une chaussée gauloise de Laon à Mézières, passait à Montcornet, après avoir bifurqué sur Chaourse et Brunehamel, et prenait ensuite la direction de Rozoy, Raillimont, Maimbressy (Ardennes).

Une autre voie romaine plus importante allait de Reims à Bavay. Elle se confond aujourd'hui dans certains endroits avec la route de Reims à Montcornet et celle de Vervins. Elle sert en partie de limite entre le terroir de Montcornet et celui de Chaourse. Elle porte encore le nom caractéristique de *Chemin des Romains*.

MONUMENTS : ÉGLISE, HÔTEL-DE-VILLE, ETC.
CIMETIÈRE, COLONNE DES MOBILES, etc.

Anciens châteaux, etc. — Nul monument ancien à

l'exception d'une des deux églises et de l'ermitage, n'a pu résister aux ravages des temps. Les derniers vestiges de la synagogue ont disparu à la suite de l'incendie de 1802. Il ne reste plus rien non plus des deux châteaux, dont le dernier était situé sur le territoire de Chaourse, mais si proche de Montcornet qu'il côtoyait la Serre et le pont Cailloux. Il disparut vers 1760. L'autre, beaucoup plus ancien, a également disparu depuis fort longtemps. Il était édifié au lieu-dit le Belvédère ; ses fossés longeaient la Neuve-Rue, où l'on voyait encore, il y a peu d'années, un vivier et des caves. En 1383 ce château était fermé par deux ponts-levis ; il possédait un vaste jardin décoré de charmilles et était précédé d'une longue avenue d'arbres.

Caves et souterrains. — Il existe actuellement de nombreux souterrains qui sillonnent le sous-sol, en longs boyaux allant de la Grand'Place à l'église. Ces souterrains communiquent avec d'autres caves si vastes qu'on pourrait y circuler avec des voitures. Ce sont probablement des caves de guerre comme on en rencontre également dans d'autres localités. Elles sont bien maçonnées, mais presque toutes en partie comblées ou pleines d'eau.

Remparts, etc., etc. — Un sentier, qui longe la rue des Hauts-Vents et la ruelle de la Chantreigne, porte toujours le nom de Derrière-les-Remparts ; les ruines de ces remparts ont formé des talus qui existent encore.

Entre la rue du Calvaire et celle des Hauts-Vents des restes de fossés indiquent imparfaitement l'emplacement du fort qui fut emporté d'assaut en 1578.

Monastère. — Une charte de 1275 fait mention d'un monastère, ou cloître attenant à l'église.

Église, chapelle. — L'église de Montcornet, dédiée à

saint Martin, est située à mi-côte à la jonction des rues de l'Eglise, du Calvaire et du Cimetière.

C'est un grand et vaste édifice ayant, avec ses tours et ses élégantes tourelles, toute l'apparence d'une vieille forteresse dominant le pays. Elle offre le type particulier des églises de la Thiérache.

Cette église fortifiée est en tous points très remarquable, et digne d'être classée comme monument historique.

Elle appartient par son architecture au style ogival de la première période (XIIIe siècle). Elle aurait été bâtie par les Templiers, dit la légende. Elle a la forme d'une croix grecque, aussi longue que large, et n'a ni collatéraux ni abside. Elle mesure 35 mètres de long sur autant de large non compris le porche; sa hauteur sous clef de voûte est de 18 à 20 mètres.

« Cet édifice devait être de toute beauté par son unité de style, quand il était tout en pierres, avec sa toiture de plomb, surmontée à la croisure de la nef, du chœur et du transept, d'un haute flèche pyramidale en pierre, proportionnée à l'importance du monument, lequel était largement éclairé par 42 ouvertures ogivales dont 8 sont aujourd'hui malheureusement aveuglées. On peut regretter l'adjonction sur ses contreforts, de tourelles en encorbellement de briques et de son avant-corps flanqué de deux grosses tours mi-pierre et brique (style de la Renaissance), édifié vers le milieu du XVIe siècle et du commencement du XVIIe masquant son portail primitif d'un style ogival très pur, avec rosace et statues dont le groupe principal représentait saint Martin à cheval. »

Ses tours, ses poivrières en échauguettes, ses nombreuses meurtrières pratiquées à hauteur d'homme et dans les escaliers des tours, derrière l'édifice, son moucharaby, ont été construits certainement pendant les sombres guerres de religion, pour servir à la défense des habitants. Cette transformation a fait de cette superbe église un véritable château-fort.

Sur l'avant-corps de l'édifice, un maigre clocher remplace la flèche pyramidale qui s'écroula lors du terrible incendie de 1574. Ce clocher renferme une antique horloge portant le millésime de 1342 et six cloches dont un bourdon du poids de 2683 kilog. Ces cloches ont été fondues en 1860.

Un escalier monumental de onze marches contournées donne accès à la principale entrée de l'église.

Le portique, formé d'une grande arcade en plein cintre, est orné de deux niches vides et d'armoiries mutilées.

On remarque les délicates sculptures du porche et les millésimes de 1546 et 1547. Sur le linteau des deux portes jumelles on lit l'inscription suivante :

EN . TOVT . EDIFISE . ENTIQVES . FAVT — L . ACOR . COME . A . LA MEVSIQVS.

« Ce doit être une allusion critique sur le mélange de l'architecture ogivale à celle de la Renaissance. »

Après avoir traversé un narthex fermé, l'intérieur apparaît, se distinguant par l'aspect grandiose de ses voûtes, de ses hautes fenêtres à lancettes et à vitraux modernes. Il se termine par un chevet carré qui prend jour par de larges baies géminées à oculus ou trilobées. On remarque au maître-autel un retable d'un beau caractère. Ce grand autel est magnifiquement orné d'un Christ, belle copie d'un tableau qui se trouve à la cathédrale de Reims et qui a été peint par Germain et payé 6,000 francs. Deux autres tableaux, dus au pinceau du même artiste et richement encadrés, servent de pendant.

Les boiseries du chœur, habilement sculptées, viennent de l'abbaye du Val-Saint-Pierre.

La chaire est assez intéressante. Les orgues, d'un puissant effet, se composent de 42 jeux. Leur superbe buffet est soutenu par deux atlantes sculptées en plein bois. Cet orgue a appartenu primitivement au couvent de Saint-Vincent de Laon.

La chapelle des fonds baptismaux est peinte en style byzantin ; elle est vraiment curieuse. L'autel et le baptistère sont du style maniéré du xviiie siècle.

En 1880, la chapelle du Calvaire fut reconstruite en briques ; elle a remplacé celle qui y avait été fondée en 1508 par un seigneur de Lislet, Pierre Aubert ; cette élégante chapelle en pierre était du style de la Renaissance et avait été plusieurs fois agrandie.

Cimetière, ermitage, colonne des mobiles, etc. — Le cimetière actuel a remplacé un cimetière plus vaste qui descendait jusqu'à la rivière. Une chapelle mortuaire, à péristyle grec, fut édifiée en 1834, en remplacement d'une autre beaucoup plus ancienne, dite des Trépassés, et qui appartenait à la famille de Bailleul. Dans cette chapelle existe une pierre votive gravée aux armes de l'évêque de Laon, Jean d'Estrées.

Près de la petite porte d'entrée du cimetière on remarque une construction de la Renaissance (1508), vouée à saint Antoine. C'est un pavillon quadrangulaire servant jadis d'Ermitage. Un véritable ermite l'a habité jusqu'en 1815. Aujourd'hui il sert de logement au gardien.

Ce cimetière est riche en monuments dont plusieurs, récemment édifiés, sont remarquables. Le plus ancien ne date que de 1808. Le plus important est une superbe colonne de huit mètres de haut, pieusement élevée par souscription en 1872, à la mémoire de trente-deux gardes mobiles de la commune, victimes de l'explosion de la citadelle de Laon, et de quatre autres victimes de la funeste guerre de 1870. Cette colonne, faite de bronze et surmontée d'une figure allégorique de la Douleur, repose sur un socle de bronze appuyé lui-même sur un bloc en granit. En son milieu elle est flanquée de deux tourelles dont l'une représente l'explosion, et elle porte gravés en lettre d'or les noms des infortunées victimes.

Hôtel de Ville, etc. — L'Hôtel de Ville a été construit en 1855, sur la grande place en remplacement d'une halle au toit gigantesque. Ce bel édifice en pierres et briques surmonté d'un coquet campanile avec horloge à quatre cadrans, est parfaitement aménagé. Il comprend six pièces affectées à divers services. L'une, la plus vaste et la plus belle, sert de salle des fêtes ; dans une autre se trouve la mairie.

Vingt-huit arcades soutiennent le premier étage ; le rez-de-chaussée sert de marché-couvert. Le tympan du fronton est orné de fines sculptures et d'armoiries inexactes.

Un lavoir couvert, à trois bassins, existe depuis 1832.

La caserne de gendarmerie date de 1828 ; elle est située rue des Juifs, aux lieu et place d'une hôtellerie (A la Croix-Blanche), qui avait été bâtie sur l'emplacement de la synagogue.

Archives, etc. — Les archives municipales et les archives fabriciennes ont disparu, soit pendant les guerres des siècles passés, soit dans les incendies, brûlements de papiers féodaux, soit enfin dans d'autres circonstances.

Les pièces anciennes et notamment les registres de délibérations ne remontent guère avant la Révolution à l'exception de l'état-civil qui existe depuis 1681.

Celui du greffe du tribunal de Laon peut remonter jusqu'en 1554.

Cependant le notaire de Montcornet possède de vieilles archives, et une suite presque complète de minutes depuis le xvie siècle. A la fin du xve siècle et jusqu'en 1825 il y avait deux notaires et même cinq pendant quelques années.

La liste chronologique des instituteurs peut s'établir presque sans interruption depuis 1680 ; celle des curés et doyens depuis 1629 ; celle des maires depuis 1596, et enfin celle des notaires depuis 1487.

Écoles et pensionnats. — Un pensionnat secondaire en renom, dit *collège de Montcornet*, a été fondé par M. Charpentier et augmenté, en 1843, par M. Poidvin, curé de Chaourse. Actuellement il est dirigé par M. Paul Caron, officier d'Académie ; il compte, en moyenne, plus de quatre-vingts élèves recrutés tant à Moncornet que dans les communes environnantes.

Il existe également un pensionnat privé de jeunes filles, sous la direction de religieuses de la Providence de Laon ; ce pensionnat, ouvert en 1818, compte 30 à 40 élèves.

L'école primaire des garçons, reconstruite en 1845, reçoit une cinquantaine d'élèves.

L'école laïque de filles, installée en 1880 à la place d'un pensionnat, compte près de 50 élèves.

Un asile, école enfantine, construite en 1881, reçoit 65 à 75 enfants.

Instruction. — L'instruction est en progrès, aussi ne trouve-t-on presque plus d'illettrés. Les écoles et les pensionnats régulièrement fréquentés, obtiennent chaque année de brillants résultats dans les différents examens ou concours auxquels prennent part leurs élèves.

Ils donnent une excellente moyenne d'instruction.

GÉOGRAPHIE ÉCONOMIQUE.

Division du terroir. — Les 542 hectares qui forment le terroir cultural, se divisent en 485 hectares de terres labourables dont 120 en prairies artificielles, 20 en vergers, 20 en jardins, 20 en prairies naturelles et 2 en garennes. Un ou deux à peine sont incultes et plus de 30 sont occupés par les habitations, rues, places, chemins, voie ferrée et cours d'eau.

Sol. — Le sol, presque entièrement argilo-calcaire, est bien cultivé ; il donne tous les produits qu'on peut en attendre.

État des terres. — Les terrains étant légers, l'assolement est libre ; cependant les assolements biennaux et triennaux dominent.

Jachère. — Il n'y a plus pour ainsi dire de jachère.

Céréales. — La quantité des céréales cultivées varie d'année en année.

En moyenne, les blés occupent une superficie de 100 à 200 hectares ; l'avoine de 75 à 100 ; l'orge de 20 à 30 ; le méteil de 10 à 30, et le seigle de 10 à 15.

Le rendement annuel du froment est de 23 à 24 hectolitres environ et celui de l'avoine de 35 au minimum. C'est une excellente moyenne ; elle indique une culture soignée et raisonnée.

Prairies naturelles. — Les 20 hectares de prairies naturelles se trouvent le long des berges de la Serre et du Hurtaut. Ils donnent un foin d'assez bonne qualité. L'étendue de ces prairies tant à s'accroître au détriment des terres voisines.

Prairies artificielles. — Les prairies artificielles augmentent également. Cela s'explique par le développement de l'élevage des bestiaux. Elles sont une des ressources agricoles importantes du pays. Sur les 120 hectares qu'elles embrassent, on récolte des trèfles incarnat et violet, de la minette, des vesces, des dravières, du sainfoin également, et surtout des luzernes.

Vaines pâtures et usages. — Les vaines pâtures ont disparu depuis plusieurs années et avec elles les règlements d'usage.

Arbres fruitiers. — Les arbres fruitiers ont été presque entièrement détruits dans les vallées par les gelées si rigoureuses de 1879-80. Sur les hauteurs, ils ont un peu moins souffert. Depuis, on en a beaucoup replanté. Les pommiers sont les plus nombreux viennent ensuite les poiriers, les pruniers, les noyers, les cerisiers, etc., etc.

La plus grande partie des pommes et des poires sert à faire du cidre. Ce cidre, de bonne qualité, est la boisson favorite du pays.

Vignes. — Il n'y a pas de vignes à Montcornet ni dans les environs. On peut croire cependant que dans les siècles passés, le raisin y mûrissait fort bien. Il existe, en effet, sur le terroir et les terroirs voisins de nombreux lieux dits intitulés : *les Vignes*. Faut-il chercher la cause de la disparition de ce précieux arbrisseau dans le refroidissement du sol ou plutôt dans la concurrence insoutenable comme qualité et comme rendement avec des pays plus favorisés ?

On voit cependant le long des murs bien exposés des treilles qui donnent des raisins de table d'assez bonne qualité.

Plantes industrielles. — La betterave à sucre est largement représentée : 50 à 100 hectares sont consacrés à sa culture. Il y a quinze, vingt ans, ce chiffre atteignait même 150 hectares.

Cultures diverses. — Les plantes textiles, telles que le chanvre et le lin, ont complètement disparu depuis longtemps.

Les plantes oléagineuses sont peu en honneur ; 5 à 6 hectares au plus sont réservés au colza.

Les pommes de terre, les carottes et les betteraves fourragères occupent 30 à 40 hectares environ.

Dans les jardins on cultive toutes sortes de légumes et d'arbres fruitiers en quenouilles et en espaliers.

Exploitation. — Ving-cinq exploitations agricoles, dont six ont eu une importance de 50 à 300 hectares, cultivent les 1496 parcelles qui subdivisent le terroir.

Biens communaux. — L'unique bien que possède la commune est un pré de 29 ares 92 situé sur le terroir de Lislet.

Engrais. — On commence à faire usage des engrais chimiques, notamment des nitrates de soude, des phosphates de chaux et des superphosphates, qu'on ajoute au fumier de ferme, l'engrais complet par excellence.

Comme engrais commerciaux, on ne se sert guère que de défécations de sucrerie.

On utilise plus volontiers la marne locale qui ameublit la terre tout en l'amendant.

Instruments agricoles. — Les vieux instruments sont remplacés par des instruments perfectionnés. Seule, la charrue à vapeur n'a pas encore fait son apparition dans le pays.

La statistique décennale de 1892 décompose ainsi qu'il suit le nombre des instruments agricoles :

Charrue simple, une ; Bisocs et polysocs, 30 ; Défonceuses, 3 ; Houes à cheval, 6 ; Rouleaux de fonte, 10 ;

Croskills, 5 ; Semoirs mécaniques, 24 ; Faucheuses, Moissonneuses et Faneuses, 2 ; etc., etc.

Animaux domestiques. — Le dernier recensement des animaux de ferme a donné comme effectif : race chevaline, 185 ; bovine, 170 ; porcine, 65 ; ovine, 950 ; caprine, 16 ; animaux de basse-cour, 3,285.

Depuis quelques années, le nombre des chevaux est en décroissance ; l'espèce ovine a aussi notablement diminué, la vente de la laine étant moins rémunératrice.

Animaux nuisibles. — Dans le courant de l'année 1878, les souris ont causé de grands dommages. Les animaux nuisibles les plus communément répandus sont : le loir, le lapin, le renard, le putois, la belette, la loutre. A l'exception des hannetons qui sont peu nombreux, diverses espèces d'insectes redoutables à l'agriculture apparaissent aussi de loin en loin.

Chasse. — Notre minuscule terroir n'ayant que très peu de couvert, est peu giboyeux. Le grand nombre des chasseurs a fait restreindre à deux ou trois par semaine les jours où il est permis de chasser.

Le lièvre et la perdrix grise composent à peu près seuls tout le gibier.

Pêche. — Nos rivières sont peu poissonneuses. On y pêche des vairons, des goujons, des meuniers, des barbeaux, des anguilles et par exception des brochetons.

Il y a quelque trente ans, on trouvait en abondance de fort belles écrevisses

La disparition du poisson tient à la liberté absolue de la pêche, au braconnage nocturne, et, dit-on, au voisinage des usines.

Foires et marchés. — Quatre foires annuelles se tiennent à Montcornet : la première, le mercredi des Cendres ; la deuxième, dite foire de mai, la veille de l'Ascension ; la troisième, de nouvelle création (1878), le troisième samedi de septembre, et la quatrième, dite foire de Saint-Martin, la plus importante de la région, le 12 novembre. Jadis elle durait deux jours ; il s'y faisait des ventes considérables de chevaux et de vins.

Depuis une douzaine d'années, le premier samedi du mois, il se tient un marché-franc qui prend de jour en jour plus d'extension.

Tous les samedis, il y a marché le matin, et le soir agence aux grains. La création de cette agence remonte au 20 septembre 1852.

Abattoir. — Malgré l'existence de cinq boucheries et d'autant de charcuteries bien achalandées, il n'y a pas d'abattoir à Montcornet.

Carrières. — Actuellement, plusieurs petites carrières de pierres à chaux sont en exploitation régulière. De nombreux gisements de calcaire (marne), procurent un précieux amendement pour les terres.

On prétend que l'église a été construite avec la pierre du pays. Cette opinion ferait supposer qu'à une époque fort éloignée de nous, cette pierre était propre à bâtir.

Usines. — Depuis 1866, Montcornet possède une fabrique de sucre importante. On y a travaillé jusqu'à trente-six à trente-sept millions de kilos de betteraves. MM. Linard frères y firent, pour la première fois, aux râperies de Saint-Acquaire et de Montloué, l'application du transport des jus par canalisation souterraine.

Montcornet possède encore un moulin à cylindres

alimenté par le Hurtaut et mû par une turbine hydraulique ou par une machine à vapeur; deux ateliers de carrosserie, deux brasseries, une malterie, deux tanneries, deux briqueteries, une usine à gaz et une filature de laine qui ne fonctionne malheureusement plus depuis plusieurs années. Cette filature a remplacé, il y a fort longtemps, une foulerie de serge (gros drap). « Une légende dit que Henri IV, passant à Montcornet, voulut avoir un manteau de cette draperie. »

Classe ouvrière. — Les ouvriers vivent dans l'aisance, quoique les salaires ne soient pas très élevés. Une Société de secours mutuels, fondée en 1868 et actuellement assez florissante, leur assure, en cas de maladie, le médecin, les médicaments et une indemnité journalière. Au bout d'un certain temps, les sociétaires ont même droit à une modique pension. Un bureau de bienfaisance vient également en aide aux vieillards indigents et aux ouvriers pauvres chargés d'une nombreuse famille.

La classe laborieuse et nécessiteuse jouit donc à Montcornet d'avantages qu'on ne rencontre généralement que dans des centres beaucoup plus importants.

Chemin de fer. — La station de la ligne du Nord, ouverte en novembre 1888, donne dès aujourd'hui un trafic inespéré et toujours croissant. Pendant l'année 1892, le départ a produit 140,000 fr. de recettes avec plus de 22,000 voyageurs. Le trafic d'arrivage est beaucoup plus important encore; il y a un transit annuel de 9 à 10,000 wagons de marchandises.

Tout nous fait espérer que l'achèvement du chemin

de fer de Laon à Mézières sera pour Montcornet, si largement doté déjà de chemins et de routes, pour son commerce, pour son industrie et pour son agriculture, une nouvelle cause de progrès et d'heureuse extension.

L. Lepinois,
Délégué cantonal.

L'auteur, ayant l'intention de publier dans quelques années un ouvrage beaucoup plus important sur *Montcornet*, serait *fort reconnaissant* qu'on lui transmît soit les originaux, soit des copies ou extraits de *documents* inédits ayant rapport à l'histoire de cette localité.

Cette monographie n'étant, dans sa pensée, qu'une modeste ébauche appelée à être complétée par lui ou par d'autres, il recevrait aussi avec *plaisir* toutes les *observations* qui lui seraient adressées à ce sujet.

www.ingramcontent.com/pod-product-compliance
Lightning Source LLC
Chambersburg PA
CBHW060721050426
42451CB00010B/1560